RAPPEL

EXILÉS ET CONDAMNÉS POLITIQUES

De toutes les opinions et de tous les étages,
par droit de primordialité, en faveur de la famille de

L'EMPEREUR NAPOLÉON

Par un Vétéran de l'Empire.

Faire le bien quand on le peut
est un exemple de bon rapport.

FONTAINEBLEAU

IMPRIMERIE DE E. JACQUIN, RUE DE BOURBON.

1845

MESSIEURS LES DÉPUTÉS,

Voici des hommes de cœur, d'honnêtes citoyens qui vous demandent de relever de l'exil la famille de l'empereur Napoléon ; ils sont les organes du vœu national : cette famille est chère à la France, elle est au fond de vos cœurs avec la mémoire de nos grands souvenirs.

Messieurs, on ne vous demande pas de grâcier des coupables, il ne s'agit pas ici d'une sentence de réhabilitation, mais de réparer des maux inséparables de ces temps de crise où les intérêts politiques se heurtent et se renversent, les uns les autres, par la force des choses ou l'effet du hasard.

Remarquez bien, Messieurs, que la loi qui bannit la Famille impériale n'établit contre elle aucun délit, ne parle d'aucun attentat politique dont elle se serait rendu coupable envers le pays ; que cette famille ait été bannie deux fois par l'étranger, à la demande des deux restaurations, cela se conçoit ;

mais que la révolution de Juillet, qui devait être la réparatrice des maux antérieurs, ait confirmé par une loi ces deux exils, voilà ce qu'on ne peut comprendre. Je ne me ferai point ici le censeur de cette œuvre législative : je me borne à dire qu'elle fut un de ces malheurs publics inévitables en révolution.

Mais, Messieurs, s'il est des temps pour sacrifier aux exigences de ces époques, il en est aussi pour en réparer les outrages. C'est votre prérogative, vous l'accomplirez, vous révoquerez une loi qui n'a pu prononcer un exil à perpétuité contre une famille exempte de tout reproche. Si vous avez reculé jusqu'ici devant ce grand acte de justice, c'est malgré vous ; le pays avait souffert de terribles secousses politiques, il avait besoin de repos, la crainte de l'exposer à de nouveaux dangers vous a fait ajourner à des temps plus calmes et plus heureux la juste réparation qu'on vous demande.

Messieurs, la persévérance, a dit un grand homme, est l'aptitude du génie : à chaque session l'un de vos honorables collègues a fait preuve de cette aptitude en faveur de la famille exilée, l'éloquence de son cœur tout français n'a pu vaincre vos résistances, ou plutôt n'a pu rassurer vos craintes ; l'intérêt de cœur existait, mais la conviction manquait à votre acquiescement.

Voilà l'hypothèse : d'un côté votre bon vouloir, qui ne peut faire doute, de l'autre vos craintes et vos refus ; l'alternative est heureuse, puisque votre

disposition bienveillante borne ma tâche à combattre une force de raison que l'actualité frappe elle-
même d'une complète inertie : ici les preuves mo-
rales viennent s'associer à l'évidence des preuves
matérielles.

Messieurs, tout plaidoyer veut de bonnes raisons ; je vais faire précéder le mien de considérations qui, j'espère, lui donneront auprès de vous
le crédit dont il a besoin ; ces considérations, quoiqu'en apparence disjointes et sans beaucoup de
connexité, ne sont pas moins identiques dans leurs
motifs à mon sujet, puisqu'elles déposent fidèlement
de la situation actuelle du pays, et que cette situation élève des obstacles insurmontables contre la
possibilité physique et morale de troubler l'ordre
et la tranquillité dont nous jouissons. Vous allez
vous convaincre de cette vérité.

CONSIDÉRATIONS.

SOMMAIRE.

La France industrielle et commerçante. — L'esprit des
masses. — Richesse du pays, son numéraire, son
système de finance. — Son industrie. — Sa main-
d'œuvre, supérieure à celle des autres nations. —
Idées du peuple en matière de gouvernement, de liberté, et d'égalité rémunératrice. — L'Empereur,
l'homme de tous les peuples. — Apologie du
commerce. — Pauvreté de l'agriculture. — Le Français

né soldat et laboureur. — Ancienne puissance de l'Église.
— Qu'il n'y a plus que deux professions : celle d'avocat et celle de commerçant. — Résumé de l'actualité au
dedans et au dehors. — Le grand conseil européen. —
Les expatriés, raisons, justice, opportunité de leur
rappel.

Messieurs, autre temps, autre disposition dans
les esprits : aujourd'hui les affections ne sont plus
aux vives émotions des temps passés, d'autres intérêts préoccupent le pays, nous sommes sous l'influence d'une nouvelle passion; chaque époque a la
sienne; ce n'est point cette fois l'une de ces idoles
de la veille qu'on répudie le lendemain, c'est un
culte plus stable; il fallait une nouvelle conquête à
notre ambition, nous n'avions plus celle de la gloire
il nous fallait celle des richesses, la France commerçante s'est substituée à la France héroïque, et
comme en toute chose nous dépassons les limites
de la réussite, et qu'aucun peuple du monde ne
nous égale en industrie, il est probable que le génie de
notre nouvelle vocation virifiera la riche destinée
du pays.

Messieurs, le commerce a planté l'arbre de la
paix et de la fortune publique; cet arbre est en
pleine sève et nous promet des fruits abondans :
rien au hasard, rien de prématuré dans cette mé-
taphore, je vais la réduire en assertions.

Messieurs, quand le peuple a le malaise, qu'il
manque des premiers besoins, il fait d'abord en-

tendre ses plaintes, puis ses murmures, et de là à la rébellion la distance est proche; rien alors n'est plus facile que de le soudoyer, de l'entraîner dans toutes les voies de désordre; il n'est dans cette extrémité qu'un seul remède à ses maux, c'est de lui donner de quoi vivre; et bien, Messieurs, le commerce a opéré cette cure; nos tumultes n'avaient pas d'autres causes; c'est le besoin de la faim qui, dans tous les pays, provoque le peuple aux excès.

Aujourd'hui, Messieurs, la multitude est calme parce qu'elle n'est plus désœuvrée; plus d'oisiveté pour qui veut travailler, plus d'ouvrier sans travail; la main-d'œuvre a doublé de prix; l'ouvrier ne quitte plus son atelier que pour aller se délasser des travaux de la semaine. Bien vêtu, bien nourri, bien logé, il est heureux : jadis couvert de haillons, vivant de pain sec, une chaise, une table, un grabat; aujourd'hui l'acajou, la dorure, la soierie, embellissent sa demeure; à une autre époque il dissipait en un jour ce qu'il gagnait dans toute la semaine, sans s'inquiéter du lendemain; maintenant, il pense à l'avenir, vit dans son ménage avec aisance, mais avec économie : la Caisse d'Épargne est là comme preuve; il est de fait certain qu'il est quatre fois plus à son aise aujourd'hui qu'il ne l'était au temps de nos troubles. Le calcul est simple: il travaille le double de temps et son travail lui est payé moitié plus ; on a remarqué que le nombre des tâcherons en chambre, à l'atelier et dans les chantiers excédait celui des hommes de journée, ce qui prouve deux choses: c'est que l'ouvrier est plus habile qu'il ne l'était, et qu'il gagne beaucoup plus à travailler à ses pièces qu'autrement.

Qu'on ne s'étonne donc plus de l'état pacifique des masses.

Messieurs, les gens qui ne jugent des causes que par les conséquences, attribuent la tranquillité dont nous jouissons à la crainte qu'inspirent aux hommes des émeutes les nouveaux remparts de Paris, c'est une franche utopie: le peuple, en France, a fait ses preuves, il craint plus la mort des besoins que celle du canon; si la faim venait encore, à Dieu ne plaise! presser cette classe laborieuse qui vit au jour le jour, qui n'a d'autres biens, d'autres moyens d'existence que ceux qu'elle tire de ses bras, on la reverrait sûrement se faire justice des auteurs de sa misère ; mais l'homme de l'émeute est devenu l'homme du commerce; il sait d'où lui vient son bien-être ; il prêche lui-même l'ordre par l'intérêt qu'il trouve à ce qu'il ne soit plus troublé : il a compris que la moindre stagnation dans le grand rouage commercial le rejetterait dans un nouvel état de misère ; il est content de son sort , il serait peut-être aujourd'hui le premier à s'armer contre de nouvelles perturbations s'il pouvait en survenir, ce qui ne saurait être. Non, Messieurs, vous ne reverrez plus de longtemps ces cortéges bruyans courir les rues au cri de vengeance et de mort; la paix publique est assurée, le commerce en a posé les fondemens, il s'est fait l'arbitre de nos démêlés politiques, il a tout secouru, tout apaisé : quelle a été sa tâche? d'ouvrir à l'industrie de nombreux établissemens, de les approvisionner de matières premières au meilleur marché possible (¹), de multiplier les travaux, d'entretenir la main-d'œuvre, de l'encourager, d'en augmenter le salaire, d'accroître nos produits , de les bonifier, d'exciter toutes les facultés utiles, de les mettre à profit, enfin d'assouvir la soif des bénéfices légitimes : voilà sa mission ; elle s'accomplit au-delà de nos espérances. Le pays est riche, très riche; la consommation s'est accrue de moitié en sus de ce qu'elle était il y a quelques années, et la population est à peu près restée la même. Nous avons le besoin de bien vivre, les goûts dispendieux, parce que nous avons de quoi les satisfaire; c'est d'ailleurs la condition de tout pays opulent d'avoir beaucoup d'industrie et peu d'économie. Le peuple dépense toujours selon qu'il a plus ou moins de sécurité dans l'avenir; il est donc vrai que le sort de tout ce qui est d'inhérence au commerce s'est notablement amélioré. Il est également vrai que les anciennes fortunes disparaissent et qu'il s'en forme chaque jour de nouvelles; je pourrais citer mille négocians de l'époque, plus que

---

(¹) L'achat des matières n'offre que des chances de perte , le bénéfice est tout dans la main-d'œuvre , c'est-à-dire que le prix de façon égale presque au prix d'achat.

millionnaires. Les grandes propriétés foncières se divisent à l'infini, ou s'anéantissent en totalité ; la tourelle féodale tombe sous le marteau de l'industriel ; déjà la loi du III Nivôse, qui fut la loi agraire de la famille, en avait miné les fondations.

Messieurs, l'époque est toute à la spéculation ; nous sommes tous à l'affût de quelque affaire ; c'est à qui se risquera dans la voie des profits. Cette disposition est générale, elle multiplie les entreprises de toute espèce, elle lie les grandes et les petites fortunes les unes aux autres par une chaîne d'intérêt communs ; or, la masse des intéressés, masse compacte qui ne fait qu'une avec les classes laborieuses, forme les $^{18}/_{20}$ de la population, autant dire que la France entière est vouée au maintien de l'ordre et de la tranquillité qui règne, et que la solidarité de chacun généralise l'hypothèse.

Messieurs, chaque année l'État dépense ses 1500 millions de revenus, quelques fois plus ; ce qui fait crier. J'ignore la portée de ces plaintes. Toutefois il ne faudrait pas s'étonner si dans peu d'années nos dépenses s'élevaient au chiffre de deux milliards. J'ai toujours pensé qu'un pays qui confie ses richesses au peuple les place à gros intérêts. De son côté, le commerce a tout au moins constamment en circulation de deux à trois milliards en numéraire. Voilà donc quatre milliards monnoyés, qui tous les ans vont et viennent et se renouvellent sans cesse. Or, l'algèbre a, depuis longtems résolu la question que quatre milliards, qui sans discontinuer passent et repassent vingt fois d'une main dans l'autre, équivalent à quatre-vingts milliards qui ne se produisent pas avec la même rapidité par la circulation.

Notre mode de finance est donc tout à fait conforme à cette maxime, que le bien-être particulier fait le bien-être général ; autrement, que le pays qui enrichit tout le monde s'enrichit lui-même ; c'est le bassin qui s'emplit et s'écoule par mille conduits, dont les eaux vont fertiliser des champs incultes. Il suivrait de cette figure du grand Colbert, si elle est exacte, qu'un pays est plus riche de ce qu'il dépense que de ce qu'il reçoit. Xénophon fait dire à Cyrus : « Mes sujets me gardent mes richesses. » Cette pensée renferme tout notre système.

En effet, le peuple rend fidèlement ce qu'il reçoit ; il fait même mieux que de rendre à César ce qui appartient à César ; il rend toujours plus qu'il n'a reçu. Il est certain que l'ensemencement de notre or, cet esclave de la consommation, est de bonne graine ; il est fort probable que nos quatre milliards ne nous sont eux-mêmes venus que de semence. C'est donc une affaire lucrative pour l'État de répandre son argent comme il le fait ; au surplus, qui ne sème ne récolte. Un pays pourrait posséder tout l'or du monde qu'il serait pauvre s'il le laissait dormir dans ses caisses ; un autre en posséderait vingt fois moins qu'il serait vingt fois plus riche s'il écoule le sien : celui qui dort ne profite à personne ; celui qui va et vient profite à tout le monde ; c'est le système de vivification proposé par tous les économistes comme le plus efficace à désengourdir toutes les insensibilités d'un pays; l'argent étant de sa nature le plus puissant de tous les mobiles, chacun veut en avoir, et veut en avoir le plus possible. Quand il est rare, cher et difficile à gagner, l'émulation reste inerte; quand, au contraire, il est abondant, bon marché, et qu'on peut s'en procurer facilement, il éveille et met sur pied toutes les facultés intellectives; c'est notre affaire: nous avons beaucoup d'argent, et toute l'intelligence nécessaire pour en faire provision.

Les résultats d'un système concluent toujours pour ou contre; le nôtre a produit son effet : il ne nous donne pas seulement un air d'opulence, nous sommes réellement fort à notre aise.

Messieurs, l'industrie française est aujourd'hui de beaucoup supérieure à celle des autres nations, sans même en excepter l'Angleterre, qui de tous les temps avait eu l'avantage sur nous. Les étrangers eux-mêmes conviennent que nous l'emportons sur eux pour la finesse et la beauté de nos étoffes de soie, de laine, nos tissus de fil, de coton, etc., et de même pour tous nos autres ouvrages de mains-d'œuvre. Il est certain que nos ouvriers travaillent sur l'argent et les autres métaux avec plus de raffinement que partout ailleurs; comme il est également vrai que notre bijouterie et nos modèles en toutes les matières ont une élégance, un fini, qui ne se voit qu'en rance. La meilleure preuve à donner de la supériorité de notre fabrication sur celle des autres pays, c'est que tout le monde vient ici faire ses emplettes, et que nous n'allons chez personne faire les nôtres. Une autre vérité, c'est que partout on rafolle de nos nouveautés, et qu'il n'y a d'autres modes à l'étranger que les modes françaises, ce qui fait qu'en moins d'une année les choses de vogue disparaissent et sont remplacées par de nouvelles. Quant à celles qu'on a mis au rebut, on les livre au commerce exportatif, qui en fait des cargaisons considérables, et va les écouler au dehors en échange d'autres marchandises d'importation.

Ce premier exposé laisse voir déjà le changement qui s'est opéré depuis nos troubles dans l'esprit du pays. Il ne serait pas moins difficile de faire aujourd'hui de la politique à coups de fusil que de l'émeute aux petits pieds. La politique des rues est tombée dans un entier discrédit.

Au surplus, le peuple a compris qu'il n'avait été jusqu'ici que le misérable instrument des ambitieux ; il a définitivement reconnu l'inutilité de changer le gouvernement de la veille pour celui du lendemain ; il sait aujourd'hui qu'il n'aurait qu'à perdre au change ; qu'autant vaut l'un, autant vaut l'autre ; que, quoiqu'il fasse, il ne manquera jamais de maître ; que le gouvernement d'un seul n'est guère meilleur que celui de plusieurs ; la seule différence qu'il y voit, c'est qu'au lieu d'un despote il en a plus ou moins, et toujours beaucoup trop ; qu'au surplus, le sort des hommes est de tomber en de bonnes et de mauvaises mains; qu'il n'est point de nation qui n'ait eu sa bonne part de mauvais princes, et soit qu'on vive en république ou bien en monarchie, le lot de chacun est d'être tantôt moins bien, tantôt plus mal; qu'il n'est rien de parfait sur la terre, pas même les gouvernemens; que le moins mauvais c'est le meilleur. Qu'objecter à cela?

Il a les mêmes notions sur la liberté; il ne faut pas confondre, pense-t-il, les libertés idéales avec la véritable, l'unique liberté; la vraie liberté est une liberté de bienfaits, la seule à laquelle l'homme puisse aspirer comme le principe de sa conservation, la source où chacun puise les charmes de la vie civile; cette liberté généreuse, toujours pure d'intention, toujours riante d'espérance, toujours l'ennemie jurée de l'oppression et de la violence, réside dans la loi qui régit les peuples libres et non dans celle qui consacre les règles du pouvoir arbitraire; celle-là, fût-elle administrée par Titus, sera toujours un instrument de tyrannie. La vraie liberté a la loi pour sanctuaire; c'est là qu'elle se réfugie quand on la menace ou qu'on l'outrage. Ainsi retranchée derrière cette égide impénétrable, elle attend que le calme renaisse pour reparaître avec tout ce qu'elle a d'attraits pour l'homme; voilà la seule liberté qui ait des droits au respect des sociétés policées; elle est de même origine que la loi, le même sein les enfanta toutes les deux à la fois. Depuis leur naissance, ces deux sœurs intimes, inséparables, ces deux gardiennes des intérêts sociaux, ces deux divinités des nations heureuses, occupent le même trône et règnent ensemble et de concert, pour la gloire et le bonheur des peuples. L'homme, par elles, fut séparé des natures sauvages et jouit, depuis qu'il a quitté l'état de nature pour vivre dans l'état de société, de cette vie de raison qui établit entre la bête et lui les bornes de la vie céleste; voilà la loi de liberté, à qui tout doit obéissance, la loi de mutuelle assurance. Celui-là est libre qui n'est attaché ni de corps, ni d'esprit par aucun collier. N'est pas libre l'homme marchandise, ou celui que la loi prive du droit de faire ce qu'elle permet, ni celui qu'elle tient sous les verroux; il n'y a guère qu'un académicien du pays de Thomas Morus qui pourrait nous dire le contraire.

Il raisonne (le peuple) tout aussi juste sur l'égalité qui nivèle les droits civils et politiques de chacun. L'égalité de mérite est celle qui lui tient le plus au cœur, parce qu'elle élève le simple citoyen vertueux au-dessus d'un roi qui n'a d'admirateurs que ses courtisans; il bénit l'apparition de l'homme qui, le premier, a posé les bases de cette égalité, qui n'interroge que le mérite et fait taire les prétentions de l'imbécile. Il y a quelque chose de divin à tirer l'homme de l'état de la brute pour en faire une nature supérieure. Gloire à tout chef de nation qui, à l'exemple de notre grand homme, ira prendre son héros sur le lieu de ses exploits pour le placer au rang qu'il doit occuper dans l'estime publique, soit qu'il le trouve sous le chaume ou dans le palais de ses pères. Mieux vaut, je crois, se faire un nom que de porter celui d'un autre, fût-il le plus beau nom du monde; avec l'empereur Napoléon, il fallait naître de soi-même, être le fils de ses vertus. Allez par toute la terre, dans les régions les moins habitées, vous entendrez prononcer son nom. Pourquoi cela? parce qu'il ne demandait jamais à celui qu'il décorait d'un grade, d'un titre, ou d'une croix, ce qu'il était, d'où il venait, de quel père il était né, s'il était noble ou roturier; voilà l'homme de la France, voilà l'homme de tous les peuples, le seul qui ait compris l'égalité des conditions en assimilant le mérite qui marque le rang de chacun. Son système fera le tour du monde et le bonheur des gouvernemens qui en professeront sincèrement les principes, qui ne sacrifieront pas toujours la stricte règle à des exceptions, qui prouvent la sottise et l'incurie gouvernementale de ceux qui en font la base de leur justice rémunératrice.

Deux de nos rois ont eu quelque velléité du système de l'empereur, ils ont décoré de noblesse force roturiers; le mérite était aussi leur gibier, pour parler comme Montaigne; ils ont tant chassé, tant braconné, tant pris de ce gibier dans leurs filets pendant la ponte, qu'on leur doit à l'un l'incubation des lettres, à l'autre de les avoir nourries comme des poulets sacrés, et de leur avoir ensuite donné la volée vers les cieux, où, comme l'aigle, elles ont affronté la lumière du jour.

Louis XIV écrivit, dit-on, lui-même sur l'écusson de Duguay-Trouin, qu'il avait ennobli, la belle devise que voici :

Dedit hœc insignia virtus.

Certainement, il y avait un grand fonds de génie et de bonnes raisons politiques dans l'esprit de ces deux princes ; car, de leur temps, les gens du peuple qui parvenaient aux honneurs, faisaient révolution dans les idées et les mœurs des classes privilégiées ; le venin de la vanité s'exhalait alors contre ces illustrations populaires en épitèthes d'hommes nouveaux, de gens parvenus. On nous cite encore comme des phénomènes les hommes du peuple qui, dès ce temps-là, se sont élevés au-dessus de la condition où le sort les avait fait naître. Leur petit nombre prouve, en effet, qu'on ne sortait guère de là qu'à bonne enseigne.

Vous le voyez, Messieurs, il y a progrès dans l'intelligence des masses ; le peuple a compris ce qu'il y a de stupide à mettre tout à feu et à sang pour des intérêts dont il ne profite jamais. Nous ne sommes pas seulement redevables au commerce de nos débarras politiques ; avec ce bienfait, nous lui devons celui d'avoir éclairé le peuple sur ses véritables intérêts.

Cependant ce commerce à qui nous devons tant, qui a tant fait pour nous, est encore l'objet de diatribes, d'insultes bien grossières ; il est de par le monde des gens qui se font une habitude de tout décréditer ; on a fait de la profession de commerçant une profession de mercenaires et d'usuriers ; pourquoi ? Est-ce donc par dépit de voir l'intelligence plébéïenne s'élever au plus haut de l'échelle sociale qu'une certaine classe de la société a, de toute ancienneté, déversé le mépris sur le commerce ? Certainement les classes laborieuses sont les plus utiles à l'état. Je demande à ces messieurs ce qu'il y a de mésestimable d'acquérir honnêtement des richesses ? est-il donc plus méritant de les tenir d'héritage ? Nous ne sommes plus au temps où le commerçant dérogeait à noblesse ; aujourd'hui il n'y a plus à faire preuve de bonne roture, aucune profession ne déroge plus à rien qu'à l'honnêteté ; plus de classes au-dessus ni au-dessous, plus d'autre estime que celle que donnent le mérite et la fortune acquise par le travail ; on considère l'homme en lui-même et par ses propres œuvres. En effet ne vaut-il pas mieux se faire soi-même un nom, comme je l'ai déjà dit, que de traîner celui d'un homme illustre comme un fardeau au-dessus de ses forces ? Il serait fort commode d'être imbécile s'il suffisait d'être affublé d'un nom pour être honoré à l'égal d'un homme de génie. Je comprends qu'il y ait, dans un pays, des citoyens plus estimés que d'autres, mais j'en veux la raison légitime ; la faveur publique ne me semble acquise qu'à ceux qui s'en rendent dignes. Si les distinctions sociales sont une nécessité, encore faut-il qu'elles soient la récompense d'un mérite supérieur. En général les gens de médiocre intelligence se targuent de leur nom, de leur ancienneté de noblesse, la plupart de ces inepties lisent des romans, et font montre de leurs armoiries; où donc est le temps où la noblesse d'armes avait seule le privilége de défendre la patrie? Les gens qui mènent une vie sans objet, ignorent sans doute que noble signifie digne d'être connu, du mot latin *noscibiles*, dont *nobiles* ou noble n'est que l'abréviation. Or, je demande si l'héritier d'un grand nom, qui par lui-même ne s'est rendu recommandable par aucune des vertus de ses auteurs, est digne d'être connu. Un nom serait donc comme un habit; mais je connais de bien grandes médiocrités affublées du même habit que Bayard, l'Hospital, et autres modèles, qui, sous cette enveloppe, ce déguisement d'emprunt, ne sont pas moins pour cela de la dernière inaptitude :

> Il est assez de geais à deux pieds, comme lui,
> Qui se parent souvent des dépouilles d'autrui.

Est-il rien de plus stupide que de considérer, dans le nom que porte un individu, les vertus de ses aïeux quand lui-même en est dépourvu, c'est là cependant un moyen de perfectionnement social adopté dans presque toutes les monarchies héréditaires; à ce compte il pourrait arriver que cent mille incapables, porteurs de noms, fussent les arbitres d'un pays à l'exclusion de toutes ses capacités roturières. Chez les Romains, Marius, les

Décius, Tite-Live, et autres fils de paysans, ont sauvé leur patrie. Fabert, Catinat, Duguay-Trouin, Chevert, et autres fils de roturiers, ont aussi rendu de grands services à la France.

Là-dessus de nous dire : vous le voyez, la règle qui rétribue le mérite fut partout, de tous les temps, établie ; oui, mais toujours au profit de l'exception et de l'impéritie. Heureusement, l'époque fait justice de ces prétentions surannées aujourd'hui : le noble et le roturier marchent sur la même ligne, les alliances entre vilains et filles nobles rapprochent toutes les distances, opèrent la fusion de toutes les classes ; le marquis vend à prix fixe, et la douarrière honore de sa couche le vieil avocat.

Je reviens au commerce qu'on a si maltraité, accablé de tant d'injustice, qu'on dit être l'école de la fraude, le dieu de la cupidité individuelle, en un mot la plaie des nations ; ce ne sont là que périphrases, les déclamations n'ont jamais rien prouvé, ni rien corrigé. Ce qu'on a dit en chaire et dans les livres des courtisans, n'a certainement pas empêché la propagation de l'espèce, espèce sans doute à part puisque M. de Buffon, dans ses quadrupèdes, et M. de Lacépède, dans ses reptiles, n'en disent rien. Le mal et le bien, le juste et l'injuste, vont, à peu de chose près, le même train ; quand l'un vous dira du mal de l'autre, soyez certain qu'ils auront tous les deux raison ; le vice est comme le phénix, il renaît de ses cendres. Quant à la vertu, elle est par tous pays, comme une jeune fille sans dot, tout le monde l'admire, personne ne l'épouse.

Quoiqu'on fasse, il y aura toujours plus de détracteurs que d'apologistes; de dupes que de fripons; de victimes que de bourreaux; d'intelligences bornées que de hautes intelligences. C'est encore là une des nécessités de la civilisation perfectionnée. Dire que le commerce tire tout à lui; fait pâture de tout; qu'il n'évalue même les affections privées qu'au taux de l'intérêt personnel, je le répète, c'est l'accabler fort gratuitement d'épithètes injurieuses. On pourrait dire avec plus de vérité qu'il porte la civilisation dans les régions les moins peuplées; qu'il enrichit les pays les plus pauvres; leur assure le nécessaire; soutient l'État et le fait vivre largement.

Il y a souvent plus de passion à décrier les choses que dans les choses elles-mêmes. La raison se presse de balayer les préjugés introduits du temple du Seigneur contre le marchand, ou bien de ces temps où l'estime excluait toutes les classes moins une; où le vilain n'avait rien à lui qui ne fût à son seigneur; où il n'était permis à personne d'être honnête homme, ni de faire preuve d'intelligence; époque trop fortunée, où chacun traînait sa chaîne depuis sa naissance jusqu'à sa mort.

On a toujours confondu le petit trafic clandestin et l'agio usuraire avec le commerce licite qui, par état comme par intérêt, doit faire preuve de probité. Je crois qu'il y aurait moins de risque à délivrer un certificat de bonne vie et de bonnes mœurs aux hommes du commerce qu'à ceux des autres professions : la raison que j'en donne, c'est qu'il n'y a pas le moindre mérite à un négociant d'être honnête homme, puisque l'honnêteté chez lui est une affaire de calcul; s'il en était dépourvu, il serait tenu d'en faire montre. Point de commerce sans confiance; sans confiance, point de crédit. Deux choses principales, essentielles, indispensables : comment les acquérir sans équité? La religion des promesses enrichit le commerce, le manque de foi l'appauvrit. Il est donc vrai que le commerçant a tout à gagner à faire l'honnête homme, et qu'il aurait tout à perdre à manquer d'équité.

On a toujours observé que les peuples des pays commerçans avaient généralement les mœurs douces, régulières et des goûts simples et modérés; qu'ils étaient ennemis de ce luxe dépravé qui fait scandale.

Voilà les mœurs de la France commerçante en perspective; ces mœurs me semblent préférables à celles des peuples qui vivent dans un état continuel de tracas politiques. De deux maux, il y a le pire. Je prie de me dire lequel de deux pays est le plus heureux ou le plus à plaindre, de celui qui jouit paisiblement de tous les avantages, de toutes les douceurs de la vie, ou de celui qui vit dans le tumulte et la rébellion.

On veut que le commerce soit la ruine des empires; c'est bon à dire après l'événement. Je ne vois pas que Tyr et Carthage aient été moins longtemps debout que Sparte et Rome, ni que l'Angleterre et la Hollande, qui sont deux pays de commerce, soient plus en danger que d'autres de tomber en ruine.

L'intérêt est le mobile du commerce, la passion du gain, le désir immodéré des richesses, je ne vais pas à l'encontre, c'est une passion, soit encore ; mais c'est du moins une passion qui profite à tout le monde, et qui devient alors vertu publique ; la vanité de briller, le fanatisme de toute espèce sont aussi des passions, et des passions souvent funestes pour autrui et pour soi-même. Où donc est le mal d'acquérir du bien ? de satisfaire une honnête ambition ? qui donc n'a pas le désir d'être riche ? qui donc a le mépris des richesses ? Je ne vois guère que dans les livres prêcher contre les biens de ce bas monde ; je demande si, tout bien considéré, chacun de nous n'échange pas une chose contre une autre avec le plus d'avantage possible, sans même s'inquiéter de la maxime anglaise : que l'un ne gagne que l'autre ne perde ; qui ne vend pas sa maison, sa terre, ses denrées, ses meubles, ses bijoux, ses chevaux, ses voitures, etc., pour en acheter d'autres. Avec un peu moins de préjugés et un peu plus de bon sens, on reconnaîtra que c'est la condition nécessaire de la vie humaine de changer sans cesse la chose qu'on n'a pas contre celle qu'on veut avoir. Chacun vend et achète, le grand comme le petit, le riche comme le pauvre, le noble comme le roturier ; tous sont aussi marchands l'un que l'autre ; la seule différence que j'y trouve, c'est que le commerçant de profession a boutique et patente, et que l'autre n'en a pas, que l'un ne vend que les choses commerçables, et que l'autre trafique et fait souvent marchandise de choses qu'il n'ose avouer.

J'ai dit du bien du commerce, par reconnaissance de celui qu'il nous a fait; il nous a rendu la tranquillité, l'état a raison de l'honorer, de le protéger; c'est le payer des services qu'il nous a rendus et qu'il nous rend encore; qu'on le laisse faire, qu'on lui donne un peu plus de liberté, qu'on ne prohibe rien, que chacun puisse commercer librement, qu'on augmente, si l'on veut, les taxes de ce qui sort et de ce qui entre, qu'on diminue d'autant l'impôt de nos terres; moins on leur demandera plus elles donneront. Les franchises du commerce rendront au-delà de ce qu'on arrache tous les ans au pauvre cultivateur, c'est-à-dire qu'on lui laisse à peine de quoi vivre; et par quel miracle espère-t-on qu'il bonifiera sa terre, qu'il en augmentera les produits? mais une terre n'est de bon rapport qu'autant qu'on lui fait des avances; le grand propriétaire le peut, le malheureux colon n'en a pas les moyens, puisque l'impôt épuise ses ressources, et lui enlève le prix de ses sueurs.

Observez ici, Messieurs, que la propriété en France se divise et se subdivise à l'infini, et qu'il y a presque autant de malheureux que de petits cultivateurs. Allégez le prix écrasant qui pèse sur le peuple des campagnes, vous l'encouragerez, vous l'honorerez; vos récoltes seront plus abondantes; ce sera faire, comme on a dit de la terre, le fossé; vous verrez tout à l'heure que l'agriculture fut de tous les temps l'objet de notre culte. Nous n'aimons que deux choses de passion durable et constante : c'est le métier des armes et celui de laboureur. Pourquoi cela? parceque nous avons toujours réussi dans ces deux métiers, soit à gagner les batailles, soit à cultiver le sol; les terres, en France, sont plus libérales que partout ailleurs. Quand vous en aurez diminué les charges, elles vous rapporteront davantage, peut-être plus que vous n'aurez fait pour elle, puisqu'elle rendent toujours au-delà de ce qu'on leur donne; vous gagnerez à cet allégement d'impôt d'en augmenter la valeur et de réduire avec cela le taux élevé de l'argent, deux excellentes affaires pour un pays de commerce et si riche que le nôtre en superficie.

Puisque me voilà sur le terrain des fermes modèles, des comices et de toutes les sociétés agronomiques, je profiterai de l'occasion pour en dire ma façon de penser. Prêtez-moi, je vous prie, quelqu'attention, je ne serai pas long.

Messieurs, vous dépensez depuis plus d'un demi siècle, vous ou vos prédécesseurs, de deux à trois millions par an pour vos haras, vos écoles vétérinaires et votre agriculture, toujours caressés de l'espoir flatteur que vous l'arracherez, à force d'argent, de la profonde ornière où la plus complète incurie la traîne impitoyablement. C'est peine perdue, vos trois millions n'y peuvent rien, vous en donneriez le double, ce serait sans autre profit, vous n'en donneriez pas du tout, il n'en serait ni plus ni moins, soyez bien persuadés de cette vérité. A quoi servent vos millions: à payer le personnel de vos établissemens, à nourrir bêtes et gens, et rien de plus. Nous sommes le plus pauvre pays de la terre en récoltes de toute nature, en gros et en menu bétail, et surtout en chevaux, qui sont tombés, en France, dans le dernier avilissement. On vous proposera sûrement, comme on l'a toujours fait, de vous prouver le contraire de ce que j'affirme. Comme certitude physique, je vous prie, au cas échéant, de ne juger la question ni sur échantillon, ni sur parole, car alors les choses iront comme auparavant, c'est-à-dire que vos millions seront la proie des émolumentés, gens au langage persuasif, toujours habiles dans l'art de prouver les contraires.

Maintenant, faut-il vous dire pourquoi nous sommes si pauvres en tous genres de bétail. La science et le bon sens ont de tout temps établi que la nourriture entrait en première ligne dans le système général de l'économie animale, et que de cette nourriture, bonne ou mauvaise, dépendait la dégradation ou le perfectionnement des espèces.

Or, Messieurs, savez-vous où nous en sommes de nos pâturages en France, de combien de sortes d'herbes ils sont encombrés? pas moins de cinq cents, dont plus de moitié sont malfaisantes. Vous connaissez les habiles nomenclateurs anciens et modernes qui nous ont donné l'état des plantes qui conviennent le mieux au cheval, au bœuf, au mouton, etc., et vous savez que ces grands naturalistes réduisent le nombre de celles que le cheval préfère à vingt-deux. Si donc vous nourrissez l'animal avec les cinq cents plantes dont se composent vos pâturages, évidemment vous lui donnez plus de vingt plantes mauvaises pour une bonne. Quelle est, avec cela, l'intelligence dédommageable que nous apportons dans les soins à donner au cheval? On l'attache, on lui jette sa botte de foin dans le râtelier; et, soit le maître, soit le valet, on lui dit : Bon ou mauvais, il faut que tu t'en contentes. Les êtres de toutes les natures ont le sentiment de leur conservation; cet instinct et le besoin de la faim sont une loi de nécessité; tel dégoût, telle répugnance que le cheval à la chaîne puisse avoir de la nourriture qu'on lui donne, il est forcé de la dévorer. Et nous sommes étonnés qu'un pareil régime alimentaire n'amène pas, à la longue, l'entière dégradation de l'animal, et nous prétendons même que sa succession ne doit pas se ressentir de cette destruction anticipée. Une autre calamité : des gens, sans aucune notion des sciences naturelles, font des livres à la journée pour vous expliquer la cause des ravages que la mort exerce en France sur les chevaux. Les uns et les autres sont incapables, à défaut d'études, de rien vous dire de certain, leur témérité est vraiment déplorable. Ecoutez bien ceci, ou bien vous ressemerez vos prairies des plantes

que Linnée, Tournefort, Saint-Hilaire et autres savans naturalistes affectent à la nourriture du gros
et menu bétail, ou bien vous renoncerez à tout jamais à posséder des espèces supérieures. Vous n'a-
vez, en France, que deux provinces où les bestiaux
sont d'une nature au-dessus de la médiocre: c'est
la Bretagne et la Normandie, dont les herbages sont
un peu moins empoisonnés que partout ailleurs.

Venons à d'autres vérités. Nos terres nous donnent de six à sept grains pour un, et l'Angleterre,
dont le sol ne vaut pas à beaucoup près le nôtre,
récolte dix grains pour un seul qu'elle sème. Pendant les quinze ans de règne de la fameuse société
des économistes, nos terres ont produit dix et douze
grains pour un. N'allez pas croire, pour cela, que
l'agriculture, en ce temps-là, fût moins enfoncée
dans les ténèbres qu'aujourd'hui. Les Lavoisier, les
Fourcroy, les Parmentier et autres savans de même
ordre, auraient pu, sans contredit, par des combinai-
sons et le concours des sciences naturelles, arriver
à la découverte d'un art qui s'est perdu dans la nuit
des temps; mais, au lieu d'interroger la mystérieuse
Cérès et d'en tirer quelques révélations, ces sommités
scientifiques se sont mises à rêver la loi universelle.
Néanmoins, ils ont rendu de grands services au
pays; on leur a dû les haras et beaucoup mieux
que ces établissemens, aujourd'hui si nuls et si coû-
teux à l'état. Malesherbes et Turgot étaient alors ministres et membres de la haute société; c'est de
cette époque que datent les fameuses races de che-

vaux normands et limousins, dont la renommée a fait le tour du monde.

Ce que j'ai dit de l'état du cheval à l'écurie et de sa nourriture, je vais le dire de la graine ensemencée. Il faut considérer la graine là où elle est mise comme le cheval à l'attache, puisque la plante doit se nourrir de ce qu'elle trouve à sa racine ; or, si la substance alimentaire qui doit servir au développement et à la croissance de cette plante lui est aussi nuisible que celle qu'on donne au cheval, elle en fera pâture, sans doute, comme fait l'animal ; mais sa faible tige et son épi peu fourni seront là comme preuve de notre ignorance. « C'est bien éton- » nant, viendra dire alors le cultivateur ; j'avais » cependant répandu du bon fumier dans mon » champ ? — Oui, lui répond le gros bon sens ; » mais votre engrais ne convenait pas à la nature » de votre semence ; les plantes, comme les ani- » maux, ont des nourritures différentes et spécia- » les. »

Que de Discours, que de Mémoires, que de gros livres nouveaux puisés dans des livres plus anciens sur l'agriculture. Interrogeons les auteurs de ces livres, ils nous avoueront naïvement, et ils auront raison, qu'ils ne sont pas plus agronomes que nous ; cette sincérité leur fera beaucoup plus d'honneur que leurs publications.

Où en sommes-nous de notre savoir ? prions ceux qui gouvernent nos productions animales et végétales de nous le dire ; ne leur demandons pas si eux-mêmes sauraient cultiver un simple pied d'herbe ni même si leurs subalternes connaissent le nom d'une seule des plantes fourragères qui servent d'alimens aux animaux confiés à leurs soins.

Messieurs, l'incurie est grande : cette agriculture qu'on vous dit sans cesse être en progrès demeure stationnaire dans les voies de la routine, elle est toujours à l'état du berceau ; nous labourons, nous ensemençons, et nous récoltons comme on a toujours fait et vu faire, toujours machinalement, toujours en aveugle et à tâtons, des sillons plus droits, des récoltes un peu mieux nétoyées, quelque peu d'outils aratoires en meilleur état ; du reste, notre allure est la même ; nous n'allons ni plus lentement ni plus vîte que nous n'avons fait, et que nous n'irons sans doute, à moins qu'il ne nous vienne, je ne sais d'où, l'un de ces hommes bien intentionnés et toujours si rares à trouver. Je ne veux pas parler ici des gens d'esprit, ils ne sont bons à rien ; c'est un homme de bon sens, de bon jugement, qu'il nous faut ; celui-là sera plus utile, et rendra plus de service au pays que tous les Démosthène et tous les Cicéron passés, présens et futurs, ne fût-il même ni savant ni orateur. C'est sous la présidence d'un tel homme que les sciences naturelles réunies en un seul foyer de lumière, peuvent faire de la France une terre de promission. En honnêteté de conscience, que voulez-vous qui sorte de vos sociétés d'agriculture, de vos comices, de vos fermes modèles ? rien ! absolu-

ment rien qui puisse emplir les mamelles de cette
mère nourricière de laquelle chacun tire sa sub-
sistance. Que savent le plus grand nombre des
gens qui font partie de ces réunions, de la nature des terres et des semences, de l'analogie
qu'elles ont entre elles, de leur affinité, de leur
propriété intimes et réciproque? Ont-ils aucune
notion de l'hydraulique, de la vapeur, de l'influence
de l'eau, de la prépondérance des fluides ? com-
prennent-ils rien aux puissances élémentaires at-
mosphériques, aux influences qu'elles exercent
sur les productions des deux règnes? que savent-
ils de l'état physique et de l'analyse de la divisibi-
lité des corps terreux, des matières animales et végétales, de la recherche des substances et frag-
mens de substance que ces corps et ces matières ren-
ferment; de la découverte de chacune de ces substances principales. La science leur a dit que la terre con-
tenait quatre ou cinq sortes de matières; là-dessus ils
se sont mis à noircir d'encre des rames de papier.

Un dernier mot sur la culture des vers à soie :
Sur ce point on n'a pas abusé moins grossièrement
la crédulité de l'ignorance.

Un industriel imprudent, pour ne pas me servir
d'un autre terme, vient vous dire qu'on peut élever
des vers à soie au 48e degré de latitude : ou bien il
le croit, et il fait erreur, ou bien il est convaincu
du contraire, et il a ses motifs pour cela. Ce qu'il
faut bien savoir, c'est qu'on ne parviendra jamais
à faire de la soie au-dessous du 45e degré. Tous

ceux qui risqueront des essais en ce genre au-des-sous de cette température en seront sûrement pour les dépenses qu'ils auront faites.

Je quitte cet intéressant sujet, je le repren-drai plus tard et le traiterai plus au long et plus utilement, je pense, que je ne viens de le faire.

On a prétendu que nos rois n'avaient jamais pu faire, de la nation française, une nation commer-çante, que le goût du commerce nous était indi-geste, que nous n'étions qu'un peuple de labou-reurs et de soldats, qu'il n'y avait pas à nous tirer de là. Il y a du vrai dans cette opinion : qu'on parle de guerre et qu'on batte le tambour, aussitôt la marmaille se met à jouer au soldat dans les rues; on ne voit cela qu'en France; chaque peuple a ses inclinations particulières, soit qu'il les tienne du climat, du sol ou de ses longues habitudes; son caractère et ses mœurs se forment et s'affermissent à partir de son origine, à force de persister à faire ce qu'il a toujours fait. Il en est de même de toutes les natures : chacune de ces natures à son inclina-tion particulière qu'elle tient de son climat, ou de l'habitude de faire ce qu'elle a toujours fait; le re-nard, le chien de chasse et le chat n'ont pas égale-ment, dans tous les pays de la terre, le même ins-tinct que dans le nôtre : ici chacun poursuit son gibier particulier avec la même appétence qu'il a vu faire, et toujours fait. L'animal, ou l'homme qui aura toujours fait la même chose, la fera toujours;

la puissance de l'habitude est presqu'égale à la puissance de la nature.

On ne peut trop dire quels furent les premiers habitans de notre pays, toujours est-il de tradition certaine que les hommes nés sous le ciel de la . France ont été, de toute ancienneté, des hommes de grand courage. Les Bellovèses les Ségovèses et les deux Brennus ne sont pas des êtres fabuleux, ils ont envahi le monde avec des armées de plusieurs centaines de mille hommes, levées dans les provinces situées entre la Seine et la Garonne, et sur les bords de l'Yonne, de la Marne et de la Seine. A ces migrations armées ont succédé d'autres expéditions militaires : tout Gaulois naissait soldat; les habitans de cette partie des Gaules étaient toujours en armes; au moindre bruit du tambour, ils désertaient les champs pour aller combattre, après quoi ils revenaient reprendre la charrue. Chaque Gaulois se choisissait un compagnon d'armes, et se jurait l'un l'autre de ne pas se survivre; voici comment c'est dit dans les Commentaires : *Neque adhuc hominum, memorta repertus est, qui, cointerfecto cujus et amicitiæ devorisset, mori recusant.*

L'arrivée de Jules-César nous rendit plus sédentaires; alors nous étions désunis, nous combattions séparément et par province; et cependant il a fallu dix ans au plus grand capitaine des temps antiques pour nous vaincre; depuis,

nous n'avons pas cessé de guerroyer, soit avec
les uns, soit contre les autres : d'abord contre
et avec les Romains, contre et avec les Germains
et les Francs; contre Attila, ce fléau de Dieu, ce
marteau de l'univers à qui nous fîmes repasser le
Rhin après lui avoir tué deux cent mille hommes
dans les plaines de Châlons, sous Clovis, à Tol-
biac; et contre les Visigoths, sous Charles-Martel,
contre les Saxons; et les Arabes venus d'Espagne,
sous Charlemagne. Partout, pendant sept croi-
sades, contre les Sarrasins, sous Charles VIII;
contre les Napolitains, sous François Ier; contre
les Espagnols avec Henri IV; contre les Allemands;
et, sous Louis XIV, contre beaucoup de monde.
Enfin, jusque-là, nous ne sommes pas restés un
seul jour sans combattre; c'est notre vie primitive,
celle de toutes nos époques historiques; le service
militaire et la culture des terres, voilà le fond de
notre nature, notre génie prédominant. On nous
fera faire tout autre métier que celui de soldat et
de laboureur; mais nous n'aurons jamais de cons-
tance et d'assiduité que pour cultiver la terre et défendre la patrie. Nous tenons de nos pères le goût
des armes, et celui du labourage de la fertilité du
sol; notre état normal est une épée d'une main et
la charrue de l'autre; jamais rien n'affaiblira l'humeur belliqueuse et chevaleresque qui est chez
nous de principe incarné; notre intelligence, notre
vivacité, notre inconstance naturelle nous porte
vers les choses nouvelles; mais nous les abandon-

nons sans regret pour la guerre et les champs ; la gloire sera toujours notre plus chère idole.

Sous la première et la deuxième race de nos rois, toutes les terres étaient presque possédées et cultivées par nos soldats, elles en ont porté le nom. Jusqu'à l'abolition du régime féodal, ces terres furent appelées : terres militaires ou terres poétiques, du nom des lètes, peuple de soldats laboureurs, à qui, longtemps avant l'invasion des Francs, elles avaient été distribuées sous la condition de les défricher et du service militaire, voilà de qui nous tenons le fond de notre caractère.

En général, les peuples cultivateurs sont braves ; nous ferons volontiers tout autre chose que de porter les armes, et de guider la charrue, la seule qui ait véritablement de l'attrait pour nous , mais nous ne la ferons que comme une chose de mode. La nouveauté nous plaît, elle a toujours fait fortune en France. Cependant , quand on nous donnera l'option entre faire deux métiers, nous prendrons, à bénéfice égal, celui qui flattera le plus notre vanité.

Nous avons fait plus longtemps que tout autre le métier de gens d'église, parce que là était la puissance et l'argent ; le paladin en ce temps de crise , dit Voltaire , en était mal partagé. Heureuse époque où l'on préférait l'esclavage à la liberté, où chacun allait sonner à la porte des monastères pour demander à n'avoir rien à soi, à ne valoir que vingt sous, c'était alors le

prix d'un esclave; des villes entières sollici-
taient la même faveur; une reine de Pologne, la
belle Richèze, car je veux qu'une reine soit belle,
eut la même ambition: elle alla tendre ses petites
mains blanches aux chaînes du bon Saint-Martin.
Qui n'aurait pas embrassé l'état d'ecclésiastique en
ce temps-là, où Grégoire VII et Boniface VIII se dé-
claraient les monarques des rois; où le prêtre qui,
ne se connaissant pas de juge laïque, tondait les
rois et les colloquait dans le fond d'un cloître.
C'est devant le tribunal suprême des évêques que
Louis-le-Débonnaire reçut sa sentence à genoux;
il ne fallait pas moins de cinq cents témoins pour
accuser un évêque, et pas moins de trente pour un
simple prêtre. Voilà une époque où il faisait bon
d'endosser l'habit sacerdotal. Aujourd'hui le métier de prêtre ne vaut plus rien, celui de soldat
et de laboureur ne valent pas mieux, il n'y a
plus qu'à choisir entre nous faire avocat ou commerçant.

Nous aimons beaucoup l'argent, la puissance et
les honneurs. La profession d'avocat donne tout
cela; aussi fait-elle fureur, tout le monde veut
l'embrasser. L'engouement est général; j'ai vu le
moment où nous allions tous nous affubler de la
longue robe noire et nous coiffer du bonnet carré;
mais des gens très bien informés sont venus nous
dire: « Vous n'y pensez pas! tout le monde va se
» faire avocat; vous n'aurez pas en France une
» place large comme la main où l'on ne trouve

» implantée l'une de ces tiges ministérielles; vous
» en aurez tout autant qu'il y eut de flèches lan-
» cées au combat des Thermopyles. Les rues en
» seront tellement obscurcies que nous marcherons
» à l'ombre, comme Léonidas. » Chacun alors de
réfléchir sur l'insuffisance des plaideurs et de se
dire : Ce sera pire que la deuxième et huitième
» plaies d'Égypte. » On sait que ces deux plaies
furent la punition de ceux qui avaient péché par
la bouche, à force de paroles et de faux discours; ce qui dément formellement l'opinion que
Dieu ait donné la parole à l'homme pour déguiser
sa pensée; c'était pour en frémir. Chacun voyait
déjà la nuée s'amonceler sur sa tête. « Grand
» Dieu! se disait-on, si elle vient à crever, qu'al-
» lons-nous devenir? où nous cacher? quel est le
» Pharaon qui nous vaut cette plaie désastreuse? »
mais les sauterelles de l'Égypte ne seront rien à
côté des sautes-autre chose dont le sol de la France
va se trouver couvert. Nous étions dans cette anxiété,
quand fort heureusement le commerce, qui, dit-
on fort à tort est une autre plaie, et M. Seguier, ce
fléau du *vanitas vanitatum*, sont venus nous préser-
ver de la catastrophe qui nous menaçait. Que
Dieu les bénisse! d'élèves ministres nous passons
à l'état d'apprentis commerçans. Cependant, il
reste encore un grand nombre d'inconvertis; je
leur souhaite, plutôt que je ne l'espère, de s'é-
lever à la hauteur de MM. Barrot, Berryer, Bil-
laud, Crémieux, Dupin frères, Ledru-Rolin, Duver-

gier, Paillet, Pinard et autres du même ordre. Je les féliciterai volontiers de leur persévérance; il faut d'ailleurs de l'indulgence pour les jeunes ambitions. Il n'était bruit que du corps des avocats, de l'ordre des avocats; cela raisonne aux oreilles; il n'y avait plus en France que celui-là, nous voulions tous en être. Ma foi, chacun a sa petite dose de vanité. Les choses rares sont plus vivement désirées que les autres. Mais ne voilà-il pas encore que des gens chagrins, comme il y en a toujours, de ces misanthropes à qui tout porte ombrage, de ces gens enfin qui trouvent à redire à tout, se sont mis à fulminer contre le corps de l'ordre des avocats : « N'est-il pas bien étonnant, se sont-ils dit,
» que le même esprit qui, par excès d'amour pour
» l'égalité et de hainc pour les distinctions, avait
» enseveli tous les corps et tous les ordres possi-
» bles, soit venu les déterrcr dc l'époque où l'on
» n'en avait pas laissé vestige, de celui dont il
» est ici question! Qu'on se rappelle donc que la
» mère de nos révolutions faites et à faire, qui,
» comme Saturne, ne fit qu'une bouchée de ses
» enfans, s'était fait faire une mesure à la Pro-
» custe, renouvellée et perfectionnée de celle de
» ce Grec, sur laquelle elle a taillé trente mille têtes
» de simples citoyens, quinze mille d'ecclésiastiques
» et quinze mille de nobles, plus celle d'un roi et
» d'une reine, etc., le tout dans l'intérêt de son sys-
» tème de nivellement. Comment a-t-on oublié que
» cette bonne mère fit alors coupe blanche et rouge

» de toute espèce de corps et de tous les ordres qui
» lui tombaient sous la main, et que, dans son
» projet d'édification et de perfectionnement so-
» cial, elle ne laissa guères d'autres corps sur
» pieds..... que les corps-de-garde, et d'autre ordre
» que celui de la Providence! C'est cependant là
» de l'histoire. »

Un dernier mot sur le commerce, sur ce conser-
vateur de l'état heureux où nous vivons, qui nour-
rit les masses laborieuses, qui règne sur elles,
parce qu'elles n'ont que deux objets : le travail et
le salaire, et qu'il suffit pleinement à tout. Il est
certain que le peuple aujourd'hui n'a plus d'autre
volonté que la sienne. On a dit qu'il était en déficit
de cent millions, et que le nombre de ses faillites
avait été cette année très considérable. Il ne faut pas
s'alarmer de ces échecs : plus la tête d'un arbre
est battue par la tempête, plus ses racines pénètrent
profondément dans la terre et l'affermissent sur sa
base. Le commerce recrutera toujours vingt vivans
pour quinze morts; le nombre de ceux qui se seront enrichis suffira pour attirer dans la même
voie de profit toutes les intelligences du pays, et il
n'en manquera pas.

RÉSUMÉ.

Où en étions-nous avant ce temps-ci? Le peuple
était inoccupé, sans travail ; il souffrait, vivait dans

le tumulte , et ne nous laissait ni trêve ni repos, alternative flagrante et désespérée.

Où en sommes-nous aujourd'hui ? plus de clameurs publiques, un calme plat; plus de travaux qu'il n'y a de bras, l'ouvrier travaille beaucoup plus qu'il ne faisait, et gagne davantage ; il est mieux payé, vit dans l'aisance, s'estime heureux et l'est réellement.

Au dedans, un commerce, une industrie qui se conjoignent et vont ensemble à pleines voiles et de progrès en progrès, se venant en aide; l'un conçoit et réalise ses produits, l'autre les colporte et les écoule.

Le génie des inventions nouvelles , des découvertes utiles, les sciences de solutions, les arts mécaniques se prêtent une mutuelle assistance, et de cet appui réciproque résultent pour l'industrie des produits d'une richesse immense.

Un numéraire qu'aucun pays ne possède, qui va et vient sans cesse du riche au pauvre, de la cité au hameaux, de la chaumière au palais, qui fournit à tous les besoins, rétribue tous les mérites et soulage partout l'indigence.

Des établissemens innombrables en tous genres de fabrication en pleine activité, des millions d'ouvriers entretenus de travail, encouragés par l'espoir d'un sort toujours meilleur, une main-d'œuvre qui, toute nombreuse et progressive qu'elle est, ne peut suffire ni à la consommation intérieure ni au débit de l'extérieur.

Des canaux, des chemins de fer, des routes sur-
chargées de denrées, de marchandises de toute espèce en matières brutes ou façonnées, allant et venant sans intermission avec une vélocité qui ne
connaît plus de distance.

Une masse innombrable de conservateurs deve-
nus responsables pour eux-mêmes de la paix publique, se portant fort contre toute incursion ou
coup de main politique, non pas précisément par
amour pour la tranquilité ou la stabilité de l'ordre
de chose existant, mais tout autant par crainte, à
raison de la ruine certaine qui les menacerait, et
dont ils auraient à courir le risque si quelque événement sérieux venait à suspendre la marche des
affaires industrielles et commerciales dans lesquel-
les leurs fortunes se trouvent engagées.

Au-dehors, partout des voies ouvertes au commerce exportatif, une navigation qui porte sur
tous les points du globe la surabondance de nos
denrées et de nos produits manufacturiers, produits toujours insuffisans aux besoins de nos échan-
ges. Huit cent millions d'exportation et cent millions d'importation en matière d'or et d'argent
(1844). Quatre mille exposans qui, tous les cinq ans,
viennent de tous les points de la France étaler à
l'admiration publique les immenses produits de
leur industrie, et disputer de concurrence la prio-
rité des suffrages, autrement la couronne du mérite. Que de chefs-d'œuvre entassés dans l'espèce
d'arche industrielle affectée à ce grand étalage. Et

savez-vous, Messieurs, quel est le mobile de tant de talens, de rivalités, de sacrifices et de légitimes ambitions ? Ce sont nos quatre milliards jetés comme la curée de toutes les intelligences supérieures. Les brevets, les médailles, les croix mêmes ne sont que le moyen de frayer au plus méritant l'issue la plus large pour arriver au partage de cette masse de richesses nationales.

Voilà, Messieurs, l'état prospère de notre commerce, les progrès éminens de notre industrie, progrès qui tiennent vraiment du prodige. Si nos industriels avaient vécu du temps de la fête des fous et des ânes, temps heureux où l'on brûlait les enchanteurs, magiciens, et autres fabricans d'œuvres féeriques, à peu près comme des bûches, ils auraient pu craindre le sort de la malheureuse Miget, ou celui du pauvre Grandier, brûlés vifs comme sorciers, sur la déclaration d'une demi-douzaine de diables subventionnés pour cela.

Ajoutez à cette faible esquisse un pays situé sous le plus beau ciel du monde, d'une température douce et presque égale partout; un sol fertile, propre à toutes les cultures ; un pays où tout abonde, riche de ses denrées, de son or, et de ses trente-cinq millions d'habitans, tous gens de cœur et de noblesse d'armes, comme on a vu plus haut, supérieurs en courage comme en intelligence aux autres peuples; vifs, ingénieux, entreprenans ; graves parfois, légers toujours, faisant le plus gaîment les choses les plus sérieuses, et le plus sérieusement les choses les plus gaies; celui qui a dit cela nous connaissait bien. Qui dirait que nous ne sommes pas le premier peuple de l'univers, ignorerait sans doute que nous avons vaincu tout le monde. L'Europe entière ne s'est-elle pas ameutée maintes fois contre nous seuls; avons-nous eu besoin d'auxiliaire pour la vaincre ?

Voilà notre belle France: elle est heureuse, on y respire partout un air d'opulence; pourtant sa fortune est incomplète; il lui manque un peu de prépondérance dans le grand conseil européen. On ne comprend pas qu'une nation comme la nôtre en soit exclue, il y a vraiment du mental dans l'esprit de ceux qui nous font cette avanie; on tue les gens d'honneur, on ne leur fait pas d'insulte. Un jour la France pourra demander compte d'une pareille offense, la rencontre ne sera pas plaisante. Nous remettrons sans doute encore cette fois, comme notre ancêtre, l'épée dans la balance. Nous avons eu le monde à nos pieds; tous les rois de la terre se sont abaissés devant nous, et l'on refuse à une nation aussi vaillante que la nôtre, le rang qu'elle a droit d'occuper là où l'on délibère sur la destinée des nations; mais la France est l'école modèle des institutions libérales; serait-elle dépouillée du privilége de défendre la liberté des peuples ? Cela ne se peut pas; il lui sera rendu ce privilége acquis par quatorze siècles de victoires, et ce ne sera pas miracle. Remarquez, Messieurs, que le grand conseil des affaires politiques de l'Europe et de l'Asie en agit avec nous comme le sénat romain fit d'abord avec les tribuns du peuple, ils attendaient à la porte les décisions des hauts patriciens. Il est vrai que la France est la vraie nation plébéienne de l'Europe, il est tout simple qu'on la traite bourgeoisement.

Messieurs, je viens de vous dire que si la France avait la prépondérance qu'on lui refuse au dehors, elle n'aurait plus rien à souhaiter : je me suis mépris ; il resterait encore à remplir l'un de ses vœux les plus ardens. Tous les cœurs se tournent vers vous, toutes les voix vous disent : rendez à la patrie des citoyens malheureux, c'est assez leur faire expier leurs fautes, c'est assez prolonger leur souffrance. On vous a dit qu'en politique les fautes sont plus que des crimes, c'est une théorie à deux fins. Le diplomate qui a dit cela a peut-être fait plus de l'un que de l'autre. Les ordonnances me semblent avoir été plutôt considérées comme des crimes que comme des fautes. Je veux que les fautes politiques commises par ceux qui tiennent les rênes de l'état, soient impardonnables, à raison de leur gravité et des dangers qui peut en résulter. Mais, Messieurs, de simples citoyens qui n'ont ni traité politique, ni traité de commerce à faire avec l'étranger, sont en dehors des gens dont les fautes sont plus que des crimes. Sans doute ceux qui troublent l'ordre public sont passibles des peines prononcées par les lois ; mais n'y a-t-il donc de circonstances atténuantes que pour l'homicide et tous les crimes qui entraînent la peine capitale ? Messieurs, les erreurs politiques ne sont pas sans miséricorde, pardonnez à ces erreurs. Quel est celui de nous qui depuis cinquante années ne s'est pas trompé, n'a pas été subjugué par le bon ou le mauvais exemple, il serait bien difficile à trouver le plus petit caractère innocent à qui nos révolutions n'ont pas légué quelque héritage ?

Et, Messieurs, pendant cette longue période, tous tant que nous sommes n'avons-nous pas fait passer nos opinions par toutes les filières ? Qui de nous a sa conscience nette de tout péché ? Quel est donc l'homme politique qui ne s'est pas habillé de pièces et de morceaux ? Qui n'a pas quitté et repris les haillons de tous les régimes ? Quel est celui qui, couvert du costume dont il fait parade aujourd'hui, ne le quitterait pas pour en reprendre un nouveau si l'occasion se présentait. Les grands républicains eux-mêmes n'ont-ils pas fléchi le genoux dans les salons de la monarchie impériale, et les enthousiastes, les amis de la haute fortune de l'Empereur, ceux qu'il avait le plus comblé de bienfaits, n'ont-ils pas été se désillusionner dans les antichambres de la Restauration, et de tant de points de départ que de braves gens ont traversé péniblement, mais toujours en bons Français qu'ils sont, la bonne et mauvaise fortune pour arriver à une meilleure; il faut par donner à raison de l'intention: les sacrifices ne coûtent jamais quand il s'agit de la patrie.

Messieurs, les pauvres condamnés pour qui je vous parle ici, n'ont peut-être jamais eu qu'une seule opinion en leur vie. Sont-ils donc plus coupables que ceux qui en ont changé si souvent à prix ou d'autre chose d'argent ? Regardez bien, comptez le nombre de parjures, de renégats que vous trouverez sur votre chemin, et qui se sont traînés à plat ventre dans toutes les mares politiques : cette supputation nepeut manquer d'être favorable à mes cliens. Ayez pour eux quelque indulgence, montrez-vous aussi humains que puissans ; la force du gouvernement est à l'épreuve aujourd'hui ; tout complot serait éphémère, il avorterait, il tomberait de sa propre faiblesse ; votre police aurait-elle moins de zèle, serait-elle moins vigilante que par le passé ?

Messieurs, nos querelles sont finies, le commerce y a mis bon ordre ; rappelez tout le monde : il n'y a plus aujourd'hui d'auxiliaires à recruter pour soutenir des droits dynastiques. Qui voudrait, qui oserait risquer ouvertement le simple simulacre d'une hostilité contre le pouvoir établi ? Quel est le marchand qui voudrait quitter sa boutique et l'ouvrier son atelier, pour aller faire du sentiment politique dans la rue au profit de l'un ou de l'autre ? L'esprit de parti n'a plus aucun ressort, il est sans action ; on ne pourrait le tirer de son état de torpeur. Quant au fanatisme politique, il n'existe plus que dans l'imagination de quelques vieillards, et la mort en éclaircit tous les jours le petit nombre.

Je vais mieux vous dire : les condamnés, les exilés politiques de toutes les opinions, de tous les ordres, sans en excepter les deux familles dynastiques, pas même le prisonnier de Ham, pas même M. le duc de Bordeaux, viendraient établir leur domicile à Paris, que cela n'aurait d'autre effet que celui d'affaiblir l'intérêt qui toujours s'attache aux grandes infortunes.

Je dirai plus encore : quelques partisans des familles déchues fondent peut-être des espérances sur la mort du roi. Cette mort, fût-elle inespérée, n'apporterait aucun changement à l'état des choses actuelles; les changemens de gouvernement ne peuvent aujourd'hui s'opérer en France que du consentement général, et qu'autant qu'ils seraient l'expression unanime du pays; autrement, voici ce qui arriverait, le cas échéant : les ministres convoqueraient les chambres qui proclameraient, avec le successeur légal, le *statu quo* constitutionnel, et tout irait après cela, et même sans cela, comme auparavant.

Messieurs, si les considérations que je viens d'exposer par forme de méthode d'analyse et d'économie publique ne sont pas autant de vérités, de solutions, j'espère du moins que les idées, les raisonnemens et les faits constans qui forment l'ensemble de ces considérations pourront, en intéressant vos cœurs, vous déterminer favorablement. Il n'existe point parmi vous d'esprits difficiles à convaincre, quand il s'agit de faire le bien sans aucun risque de faire le mal.

Et, Messieurs, que pourrait une poignée de Français au milieu d'une population qui trouve son bien-être dans l'état pacifique de l'époque : soyez bien persuadés que plus nous allons, plus la mémoire de nos inimitiés politiques s'affaiblit; consultez les gardiens de l'ordre public, ils vous diront que rien ne saurait plus troubler la bonne intelligence qui règne parmi nous; que toutes les suppositions, toutes les vérités qui précèdent, déduisent les conséquences d'une actualité devenue la sauve-garde d'une paix inaltérable.

Ainsi, Messieurs, les obstacles qui se sont opposés jusqu'ici à ce qu'on ouvre les portes de la patrie aux condamnés politiques n'existent plus. Vous leur accorderez la rémission d'un moment d'égarement. Les erreurs simples, isolées, n'ont certainement pas l'importance des fautes qui changent la face des choses et qui compromettent l'existence de tout un pays; elles sont infractives aux lois de police, il est vrai; mais elles sont dignes d'indulgence.

Quant à la loi d'exil, à Dieu ne plaise que je veuille inculper ici les auteurs de cette loi, ni me faire le juge arbitre de personne! Je dirai seulement qu'elle a été bien rigoureuse, et qu'il sera bien difficile, dans aucun temps, de justifier les punitions non méritées, sans existence de délit. C'est une loi de nécessité, me dira-t-on. Je réponds que les lois de nécessité n'ont jamais rien rectifié; qu'elles ont toujours servi de moule à d'autres lois de même ordre, malgré la maxime : *Legibus non exemplis;* il est bien rare que de telles lois aient eu pour législateur la raison d'intérêt public.

Vous savez, Messieurs, que la loi des Athéniens fixait à dix années la durée de l'ostracisme; en voilà trente que la famille de l'Empereur fut bannie de France; son exil sera-t-il donc éternel? Les condamnations perpétuelles n'ont jamais frappé que les crimes prémédités, les meurtres de guet-apens; elles ne s'attaquent point à des hommes d'une vie si honorable, si digne de nos respects que les frères de l'Empereur et les autres membres de sa famille. Il est vrai que le peuple, de qui nous vient la loi de bannissement, peuple que Montesquieu traite de grand parleur, de grand disputeur, ne bannissait que les hommes les plus éminens, tels qu'Aristide, Thémistocle, Cimon, Thucydide et autres grands personnages d'Athènes. Il paraît que l'ostracisme n'atteignait en effet que les hommes les plus distingués; car, si tôt qu'on s'en servit contre des gens sans considération, elle fut regardée comme ayant été entachée. Le musicien Damon et un certain Hyperbolus, homme bas et méprisable, ayant été mis au banc de l'ostracisme, le peuple fut si honteux de cette profanation qu'il supprima la loi; elle n'était applicable qu'à des hommes puissans, considérables; elle ne les flétrissait pas parce qu'elle limitait la durée de leur exil et que leur absence n'était qu'une espèce d'interrègne à la faveur publique.

Messieurs, n'oubliez pas que les traités qui frappèrent la personne de l'Empereur dans la personne de sa famille furent l'œuvre de l'étranger, des concessions faites à la haine de nos ennemis; des adhésions aux exigences de 1814, alors qu'on dévastait nos musées, nos établissemens publics; qu'on nous enlevait ce que nous avions emporté au bout de nos épées; ce qui nous était acquis par des traités signés de ceux-là même qui en faisaient pillage à nos yeux.

Le seul prince qui ait montré de la grandeur en ce temps de triste mémoire, c'est l'empereur Alexandre; sans lui le vandalisme nous aurait totalement dépouillés. Toujours est-il que les frères de l'Empereur et toute sa famille furent expulsés de France par les traités de 1814 et de 1815, et que la loi rendue depuis contre cette famille est une sorte de ratification de ces traités. Pèsent-ils encore sur la France? je ne le pense pas. Il serait difficile, je crois, de nous ramener à l'époque humiliante où l'étranger se mêlait de nos affaires.

Messieurs, je crois avoir aplani les seuls obstacles que j'ai supposé devoir dépendre de votre volonté. Si de vieilles rancunes en avaient soulevé d'autres, j'ai la ferme conviction que vous en surmonterez les difficultés. Une assemblée qui représente trente-cinq millions de Français n'est aux ordres de personne.

Messieurs, on vous demande de faire cesser un exil qui dans l'origine fut résolu par un ennemi vindicatif; de rendre à la France les plus honnêtes

gens du monde; d'illustre citoyens; des Français
pleins de bons sentimens, de qui vous n'avez rien
à craindre; des modèles de probité, de vertus
privées, dont le moindre mérite est d'avoir porté le
diadême. Ce qui les recommande bien autrement à
votre haute estime, c'est la douceur de leur règne,
la sagesse de leur administration, les regrets et la
reconnaissance des peuples qu'ils ont gouvernés.
L'Espagne, l'Italie, la Hollande et la Wesphalie con-
serveront longtemps la mémoire de ces rois populaires.

Messieurs, la même loi qui bannit la famille de
l'Empereur Napoléon bannit ensemble celle du roi
Charles X : l'une n'était guère plus coupable que
l'autre. On a puni Charles X des fautes imputées
à ses ministres; il était impeccable; il ne pouvait
donc pas être responsable ni coupable des actes de
son gouvernement, tout représentatif qu'il était. En
pareil cas il n'y a qu'une chose à faire, c'est de
punir les ministres et de garder le roi. Voilà qui est
juste et légal; c'est agir selon le bon droit et le pacte
juré. Au lieu de cela on a fait tout le contraire : on
a grâcié les ministres et on a puni le roi. Je raisonne
ici dans l'hypothèse que cette infraction pourrait servir de moule à d'autres infractions de même ordre.

Messieurs, la famille de l'Empereur est en dehors de toute imputation politique; vous n'avez rien
à lui reprocher; elle pouvait revendiquer ses droits
au trône impérial, et réclamer le bénéfice des six
millions de votes, qui avaient fondé la dynastie de

cette maison. L'a-t-elle fait? Non, elle est restée silencieuse et tout à fait inoffensive dans ses prétentions. Si l'un des princes de la famille impériale a tenté de reconquérir ce beau trône de France que l'Empereur, son oncle, avait tant honoré, tant fait respecter, qu'il avait rendu si grand, si puissant; faut-il anathématiser tout ce qui reste encore de cette auguste famille, et la poursuivre jusqu'au dernier. Mais c'est faire de l'imprécation à la façon de Noé, lequel, comme on sait, donna sa malédiction à la malheureuse postérité de son fils; c'est prendre l'exemple d'un peu haut. Le prince Napoléon-Louis a un grand travers pour le siècle, il est trop loyal et trop confiant; je comprends parfaitement qu'on ait l'ambition de gouverner un pays comme le nôtre, le neveu de l'Empereur n'est pas le seul qui avait rêvé ce beau trône; d'autres y tiennent tout autant, et voudraient même en faire une banquette à plusieurs places : M. le duc de Bordeaux n'y renonce pas non plus; j'ai même entendu dire que le gendre de l'empereur Nicolas le trouverait assez de son goût, et même qu'il y prétendrait, au besoin, comme héritier du prince Eugène, son père, lequel, à défaut de postérité de l'empereur Napoléon, était appelé à lui succéder en vertu du sénatus-consulte du 18 mai 1804, époque antérieure à la naissance du roi de Rome. Le seul tort que je reconnaisse au prisonnier de Ham, c'est d'avoir échoué dans ses tentatives; quand on risque une pareille entreprise, il faut réussir ou bien subir le sort de Lusignan; s'il était en liberté et qu'il me demandât mon avis, je ne lui conseillerais certainement pas de recommencer, malheureusement nous n'en sommes pas encore là.

Messieurs, notre histoire est lasse d'enregistrer des actes de rigueur, elle demande quelqu'acte de clémence; qu'on ne dise pas que nous n'avons d'intelligence que pour tuer ou proscrire; n'attirons pas davantage sur nous l'anathème des autres peuples, nos révolutions ont assez flétri notre état politique, assez souillé notre belle France de meurtres et d'impiétés, faites-vous honneur d'en effacer les traces sanglantes par des actes de haute justice, vous rehausserez le mérite de votre équité politique et législative; vous ferez rejaillir sur vous l'éclat d'une auréole qui brille de toutes les gloires.

Écoutez ici, Messieurs, la voix de deux hommes de bien, s'il en fut jamais; c'est au plus haut de la tribune nationale que ces deux illustres citoyens ont fait entendre les généreuses paroles que voici. Je prends ici ces deux modèles de patriotisme pour organe auprès de vous :

« Après dix ans de destruction, de carnage et » de mort, ont-ils dit, cicatrisons nos plaies politi- » ques, l'histoire dira nos fureurs; s'il nous est inter- » dit d'en arracher les pages honteuses, forçons du » moins ceux qui liront nos crimes de raconter nos » regrets et nos douleurs. Les temps sont changés,

» nous sommes revêtus des pouvoirs d'un grand
» peuple, réparons nos fautes. »

Voilà le noble et généreux langage des citoyens Cornet et Boulay de la Meurthe aux conseils des Anciens et des Cinq-Cents, dont ils étaient les présidens; leurs vertus privées, leur probité politique sont les meilleures lettres de créance que je puisse ici vous présenter, puisque de tels patriotes, mot généreux et toujours avili pour avoir été prodigué à des mauvais citoyens, de tels défenseurs des lois de liberté, des sages et libérales institutions, n'auraient pas été déplacés dans les républiques de Platon et de l'abbé de Saint-Pierre.

Messieurs, la France leur a dû le consulat, ils l'ont arraché des mains impures qui la prostituait pour la confier au plus moral, au plus sublime des hommes. C'est au nom de cet immense génie, qui a rempli le monde de sa renommée, et dont la France et ses générations futures auront à se glorifier, qui servira de modèle à ceux qui régneront sur elle, qu'on vous demande d'accorder à sa famille ce que vous n'avez jamais refusé au dernier des réfugiés ou condamnés politiques des pays étrangers; vous leur donnez asile, vous les protégez, vous les secourez même des deniers de l'état. Eh bien, Messieurs, ne soyez pas moins généreux pour vos propres concitoyens; restituez cette famille à la patrie, n'attendez pas qu'elle se soit tout à fait éteinte sur la terre étrangère; rendez à la France ces débris de tant de rois et de reines, permettez à ce qui reste de venir pleurer avec nous sur la tombe du grand homme.

Messieurs, soyons conséquens : nous demandons ses dépouilles mortelles, nous les faisons venir à grands frais avec toute la solennité et le respect religieux qui les recommandent à notre culte ; nous les entourons de tous les honneurs qu'on puisse rendre à un mortel, nous en faisons presque l'apothéose ; vous lui édifiez des autels, sa statue est partout dans nos monumens, sur nos places publiques, et sa famille expie dans l'exil la gloire de lui appartenir, de porter son nom, ces deux façons d'agir ne sont-elles pas le non sens l'une de l'autre ? n'impliquent-elles pas contradiction ? est-ce donc à dire que tout ce qui a nom de l'empereur ne doit rentrer en France qu'à l'état de squelette ? Et qui donc le veut ainsi ? Ce n'est certainement pas la France. Les meurtres politiques lui sont inconnus ; nous ne sommes ni les artisans du crime ni des ennemis implacables dans nos justes vengeances ; c'est en plein jour, les armes à la main, que nous tirons satisfaction de ce qui nous blesse, et non par des assassinats occultes ; parmi nous, il n'est point de séïdes. Malheur à ceux qui, à l'exemple du vieux de la Montagne, ordonnent les crimes et les commettent comme des actes de vertu ! Ces fameux Romains employaient aussi le fer et le poison contre ceux qu'ils ne pouvaient acheter ni vaincre. Demandez à Montesquieu comment ont fini ces dominateurs du monde.

Serait-il vrai, Messieurs, que cette monstrueuse politique ait assouvi sur nous ses cruautés ? qu'elle ait immolé à sa haine, comme on le pense, les plus illustres existences ? Louis XVI aurait-il payé de la vie la liberté de l'Amérique ? Paul et Alexandre, leur alliance avec la France ? Brune, sa journée de Berghen ? et l'Empereur, ses décrets de Milan et de Berlin ? Voilà ce qu'on ne peut croire, et, cependant, c'est l'opinion de beaucoup de monde.

Messieurs, j'ai le sentiment de votre indépendance, de votre patriotisme, comme celui de votre puissance et de votre dignité. Vous représentez la France, vous en êtes l'expression ; vous savez ce qu'elle vaut, ce qu'elle peut ; un mot de vous, et l'Europe tremblerait encore. Plus d'obstacles qui ne dépendent de vous-même ; plus de sacrifices et des exigences blessantes. La France n'a point de maître, elle n'est aux ordres de personne ; elle a donné des lois au monde et n'en a jamais reçu. L'époque actuelle diffère de tout à rien de celle des temps passés. L'étranger n'a plus rien à demander à une assemblée comme la vôtre ; il n'a plus aujourd'hui à imposer silence aux mânes de l'Empereur. La France entière vous demande de les apaiser ; vous ne serez pas sourds au vœu national ; c'est une dette de conscience, vous ne refuserez pas de l'acquitter. Si le grand homme vous priait de laisser venir sa famille mêler ses regrets aux nôtres ; si sa voix se faisait entendre dans votre enceinte, qui de vous lui refuserait cette demande ? Eh bien ! Messieurs, supposez qu'il est encore au milieu de nous, et faites pour lui, mort, ce que vous feriez s'il était encore vivant; rendez à la France les débris de sa famille, ce qui se débat encore contre le sommeil éternel. Révoquez la loi cruelle dont on vous demande la révision; le Roi lui-même en a reconnu toute la rigueur. « Cette loi me pèse sur le cœur, » a-t-il dit à la reine Hortense à son passage à Paris, et Casimir Périer, qui avait sans doute le même poids sur la conscience, a dit à la même reine que cette loi est légale, mais injuste, je n'aurais pas de cesse qu'elle ne soit révoquée (¹).

Ces opinions sont puissantes : elles seront, j'espère, la règle de votre détermination. Soyez persuadés que le pays met du prix à revoir ces derniers vestiges d'une famille monumentale. La mort a déjà fait sa part bien grande; elle a presque tout anéanti; tout a presque disparu de la terre : l'Empereur et son fils, sa mère et son oncle, trois de ses frères, trois de ses sœurs, la reine Hortense et l'Impératrice sa mère, le vice-roi son frère, trois de ses fils, et que sais-je encore?

Quel affreux ravage; vous le voyez, tous ont péri tristement dans l'exil, la France dans le cœur et la patrie sur les lèvres à leur dernier soupir.

Messieurs, suivez vos nobles et généreuses inspirations; n'ayez pour guide que votre humanité;

---

(1) Pages 14 et 17 du premier volume de *la Revue de l'Empire*, (année 1842).

faites justice d'une loi qui n'a plus d'objet. Les fantômes de la peur se sont évanouis; je veux parler des spectres hideux de nos troubles publics. Il serait impossible aujourd'hui de détourner l'homme des masses de sa vie laborieuse. Nos populations sont riches, heureuses; elles sont aux ordres de nos deux idoles dorées, le commerce et l'industrie : voilà le palladium de la France actuelle.

Qu'auriez-vous à redouter de quelques malheureux proscrits, intéressés comme ils le seraient à faire oublier leur faute; je parle ici des condamnés politiques.

Quant aux exilés, est-ce quelques honnêtes Français de plus en France qui peuvent vous causer de l'inquiétude. Qui pourrait faire dévier l'esprit commercial de l'époque, et lui donner une autre direction que celle qu'elle a prise. L'impulsion est donnée; elle est générale; vous-même aujourd'hui ne parviendriez que bien difficilement à la détourner de cette nouvelle voie.

Messieurs, ne frappez pas d'interdit le vœu national; donnez au monde le spectacle d'une assemblée composée d'hommes indépendans, dont les actes émanent par cette lumière intérieure qui porte au fond des âmes la conviction intime qu'une chose est juste et consciencieuse. Relevez de toute sa hauteur la dignité nationale; rachetez les maux passés par le bien des temps présens; montrez que l'édifice de la justice pose encore sur des bases solides; faites des lois justes; mais révoquez celles qui ne le sont pas ; c'est la réclame de la raison publique.

Messieurs, vous êtes des hommes chez qui le feu sacré de la patrie ne peut jamais s'éteindre. Laissez échapper de vos cœurs une étincelle de cette sainte flamme, et tout sera dit, tout sera reparé.

FIN.

———————

Nota. L'auteur de cet écrit est le même qui a doté les dix plus anciens cavaliers de l'armée ; le même qui a fait le don des deux guérites à la Colonne ; le même qui a offert un tableau d'un grand prix au musée de Versailles.

LES GUÉRITES

OFFERTES A LA COLONNE IMPÉRIALE,

Enlevées par l'autorité et restituées par ordre
du ministre de la guerre.

Plaidoierie du donateur.

—

On se rappellera sans doute les deux Guérites qui, le
5 mai, jour anniversaire de la mort de l'Empereur, furent
déposées sur la place Vendôme, au pied de la colonne :
ces Guérites, *comme on sait*, attirèrent une grande affluence
de visiteurs ; tout Paris vint applaudir à l'inconnu qui les
avait offertes *en présent*. Cette sanction publique faisait
espérer que l'autorité en accepterait le don, elle n'eut pas
le bon esprit d'acquiescer à cette manifestation générale;
après vingt jours de délibération, elle fit saisir les Guérites, ce qui est une manière comme une autre de s'approprier la chose d'autrui; toutefois ce mode d'acquérir la
propriété semble peu conforme aux articles du Code civil
des Français.

Mais, dira-t-on, les Guérites embarrassaient la voie publique : cette raison aurait pu être bonne si elle avait été
vraie : d'abord, elles ne gênaient en rien, et de plus, elles
avaient un maître; or, avant de les confisquer, il y avait à
remplir une formalité de la loi; personne n'a su d'avance
ni pu soupçonner l'espèce de hourra qu'on a fait sur les
malheureuses Guérites.

Dans un pays libre, chacun a sa part de pouvoir et d'attribution; nul ne peut annexer à sa prérogative ou à sa fonction, un droit qui ne lui appartient pas : l'administration de l'enregistrement et des domaines a seule mission de la loi, pour aller à la recherche des biens épaves, pour s'approprier les choses égarées, perdues, les biens vacans, les successions en déshérence, en un mot, tout ce qui n'a pas de maître. Or, qu'on envahisse la chose d'autrui ou qu'on entreprenne sur les droits du fisc, on usurpe par voie d'autorité et de violence sur la chose qui avait un maître, ou sur la chose qui n'en avait pas ; dans l'une comme dans l'autre hypothèse, il y a délit aux yeux de la loi; cela est si vrai, que dans le cas même où les Guérites auraient été considérées comme biens épaves, les agens du fisc devaient les revendiquer dans les mains de ceux qui les détenaient comme mal acquises, les faire vendre et en verser le produit dans les caisses du trésor public. Voilà pour l'infraction.

Venons maintenant à ce qui a pu donner lieu à ce violement.

Les Guérites étaient analogues à la colonne, elles s'y annexaient parfaitement ; leur forme, leur couleur bronze semblaient leur donner de l'inhérence au monument, et devoir en être le complément obligé; elles venaient réparer, pour ainsi dire, l'omission faite dans le plan de l'artiste, et vérifier encore l'*utile dulci* d'Horace.

La presse a dit, il est vrai, qu'elles faisaient épigramme aux hommes du pouvoir; que l'échoppe qui servait de guérite au factionnaire de service à la colonne, était la honte de nos édiles modernes dont la mission est d'entourer les monumens publics, principalement ceux élevés à la gloire du pays, de tout ce qui leur doit porter respect : ce reproche n'a-t-il rien de mérité?

Chacun se demande pourquoi quatre guérites à l'édifice de l'Étoile et deux autour de la pyramide de la place Louis XV? L'un a été construit avec les pierres de nos carrières, l'autre avec celles de l'Égypte ; mais la colonne est la conquête de nos armées, le prix de notre sang, c'est le bronze de l'ennemi ; aurait-elle donc moins de titres à nos égards que le dernier de nos monumens public? Non, sans doute ; elle est au contraire celui qui honore le plus la France, il en est l'orgueil. C'est en quelque sorte le dogme de la patrie ; il est là comme celui des Thermopyles, avec cette différence qu'on pourrait y graver cette inscription : *Passant, va dire à nos ennemis qu'ils ont été vaincus.*

N'oublions pas qu'il fut érigé avec les canons pris sur les champs de bataille, c'est le plus beau de nos souvenirs. Le répudier ou même ne pas l'entourer de toute notre vénération, serait donner au monde le scandale d'une nation qui n'a de sainteté pour rien. L'étranger s'est abaissé respectueusement devant ce trophée de sa défaite; en frapper le culte d'interdit serait nier la gloire de nos armées, qui est celle de notre époque héroïque.

A Dieu ne plaise qu'on veuille accuser ici personne d'un pareil sacrilége : l'enlèvement des Guérites ne suppose rien de si grave de la part de ses auteurs, il est tout au plus l'effet d'un moment d'humeur contre la presse; mais de ce qu'elle a pu dire à tort ou à raison, fallait-il se gendarmer et faire de l'autorité de boutade contre les malheureuses Guérites? Punir l'innocent pour se venger du coupable, c'est procéder à la façon de ce roi de Perse, qui fit fouetter la mer pour se venger des injures du vent.

L'ordre de faire main-basse sur les Guérites ne fut point donné, comme on le prétendait dans le tems, par l'homme illustre qui a le plus contribué à la consécration du monument; ce ne sont point les hommes de guerre que l'on suspectera jamais d'hérésie militaire; ce serait donc bien gratuitement qu'on attribuerait l'expulsion des Guérites à celui qui a si glorieusement combattu pour la patrie, et dont le nom et l'héroïcité sont gravés en lettres ineffaçables sur cemême trophée, l'objet de notre pieux hommage. C'est à lui-même, à sa probité militaire, à son patriotisme que nous en appelons de la sentence rendue contre les impeccables Guérites, à lui que nous demandons la réhabilitation; cette grâce est de convenance, d'opportunité, de satisfaction publique : il y a toujours du mérite à réparer une injustice ; celle faite à l'auteur du tribut est d'ailleurs sans motifs, l'intention de celui qui donne est toujours bonne, il y a conscience à le relever de l'affront qu'il a reçu. Le don des guérites était un pur hommage à la foi publique, un don honorable qui n'avait rien d'offensant pour personne. Le seul reproche à faire à son auteur, ce serait de ne les avoir pas offertes avant de les exposer en sacrifice : ce tort, s'il en est un, a son excuse dans la modicité de son présent; il faut pardonner à celui qui met autant de soin à cacher ses bonnes œuvres que d'autres en mettent peu à faire étalage des vertus qu'ils n'ont pas ; si à l'époque l'anonyme ne s'est pas fait connaître, ce n'est assurément pas qu'il craignît de se montrer, sa présence dans cent batailles ou combats lève tout doute à cet égard; au surplus, le don de ses Guérites n'est pas son coup d'essai.

Il est bon de faire connaître ici celui qu'il a fait à l'armée en 1837, en voici l'acceptation par le Ministre de la guerre.

Dotation des dix plus anciens cavaliers de l'armée.

Entre M. le MINISTRE DE LA GUERRE, procédant au nom et comme Représentant de la Cavalerie française,
d'une part;

Et M. le Général Cte F. S. (Alphonse), demeurant à Paris, cité d'Antin, n° 4,
d'autre part.

A été exposé en substance ce qui suit :

Le Général Cte F. S. offre au Ministre de la Guerre la somme de 20,000 fr. pour être convertie en rente 5 p. °/₀ au profit des dix plus anciens cavaliers de l'armée.

Le Ministre de la Guerre, appréciant les honorables et généreux motifs du Général F. S., accepte le don gratuit des 20,000 fr., déclare par les présentes les avoir reçus et donner quittance de ladite somme.

Fait double à Paris, le 20 août 1837·

Approuvé l'écriture ci-dessus.   Approuvé l'écriture ci-dessus.

Gal Cte F. S.   BERNARD.